震災復興とTPPを語る
再生のための対案

鈴木 宣弘
木下 順子

筑波書房

はしがき

本書は、筆者（鈴木）が北海道から沖縄までのほぼ全県と台湾に赴いて講演した際の講演録、および各会場で配付した鈴木・木下の共同原稿をベースとして、鈴木・木下が加筆・再編集してとりまとめたものです。

とりわけ、農協共済総合研究所、北海道K町、新潟県S市、学士会午餐会、日本記者クラブ、政治経済研究所、日本農民連、自由企業研究会、SRG研究会、経済同友会TCERセミナーなどがまとめてくださった講演録やDVDに基づいて編集させていただいたことに、記して御礼を申し上げます。

筆者は、TPP問題の浮上と東日本大震災よりもかなり前の二〇一〇年九月に、ある雑誌のコラムで次のように書いていました。

「日本では、自己や組織の目先の利益、保身、責任逃れが「行動原理」のキーワードにみえることが多いが、それは日本全体が泥船に乗って沈んでいくことなのだということを、いま一度、肝に銘じるときではないかと、自戒の念を込めて思うのである。とりわけ、政治家の皆さんを含めて、組織のリーダー格の立場にある方々は、よほど若い人は別にして、それなりの年齢に達しているのであるから、残された自身の生涯を、拠って立つ人々のために我が身を犠牲にする気概を持って、全責任を自らが背負う覚悟を明確に表明し、実行されてはいかがだろうか。それこそが、実は、自らも含めて、社会全体を救うのではないかと思う。いくつになっても、責任回避と保身ばかりを考え、見返りを求めて生きていく人生は楽しいだろうか。」(『JA教育文化』)

その後の未曾有の大震災の発生を受けて、こうした思いは、さらに切実さを増していいます。今回のような大地震、大津波、原発事故に直面し、それらに関わった人々は、研究者も含めて、真摯な反省が求められています。「想定外だった」と言い訳して責任を逃れることはできません。想定された事態に準備しなかったことへの反省に立って、もう二度と失敗が繰り返されないような防災システムの早期確立と、被災地の一刻も早い復旧・復興が求められます。

ＴＰＰ問題についても、自身やその属する組織の利害を優先した「対立」からは、日本社会の長期的、持続的な発展は望めません。ゼロか百かの極論のぶつかり合いではなく、その中間のどこかにある真の最適解に向けて、互いの歩み寄りがあることを期待します。

そのような議論を可能にするには、一面的な利害を超えた建設的な「対案」を提示することが必要です。我々研究者は、その対案が長期的な全体の利益につながることを、客観的な根拠に基づいてわかりやすく示さねばなりません。微力ながらも、本書がそれに寄与するものとなれば幸いです。

二〇一一年七月

鈴木宣弘
木下順子

目次

はじめに

二〇一一年三月十一日に発生した大震災によって、東日本地域の人々は未曾有の苦難に直面しました。その復旧・復興は何よりも最優先の課題であるべきですが、震災から何ヶ月も経過した今もまだ現場の困窮は続いています。なぜこのように復旧が遅れているのか、また、政府の復興計画の方向性は正しいのか、早急に検証しつつ、一日も早い対応の改善が求められています。

また、この震災を境に、ＴＰＰ（環太平洋パートナーシップ）交渉への日本の参加検討を継続することは困難になりました。ＴＰＰとは、すべての関税・非関税措置の撤廃を目指す米国主導の自由貿易協定です。現在のところ、ＡＰＥＣ（アジア太平洋経済協力）加盟国のうちの九カ国が交渉に参加しており、日本も参加するかどうかの検討が政府内で二〇一〇年末から始められていました。

政府の当初の予定では、全関税の撤廃に備えた農業構造改革や規制緩和などの国内対策を半年ほどで策定し、二〇一一年六月をめどに最終的な参加の是非を判断するという計画でした。このようなタイトなスケジュールにはそもそも無理がありましたが、大震災を受けてさすがに延期されることになりました。これまで日本に強く参加を呼びかけてきた米国通商代表部（ＵＳＴＲ）からも、「目下の日本に対してＴＰＰ参加は厳しい要求であろう（We think right now it would just be a bit cynical to ask Japan.）」といった配慮が示されたと伝えられています。地域が大震災の打撃を受けた今、さらに追い打ちをかけるようなＴＰＰ推進は白紙に戻すのが常識的な判断でしょう。

ところが、日本政府の中では逆に、今こそ「開国」して経済を立て直すべきだという見解がむしろ勢いを増しつつあります。二〇一一年十一月にオバマ大統領を議長としてハワイで開催されるＡＰＥＣ首脳会議までに参加表明できればということで、水面下での動きが続いているのです。日本の菅総理が議長を務めた二〇一〇年十一月の

ＡＰＥＣ横浜会議では、日本のＴＰＰ参加表明をお土産にしたいという話が突如出てきて驚きましたが、今度はオバマ大統領がＴＰＰの正式発足をお土産にしたいわけです。

ただし、現在は日本抜きで九カ国の間で進んでいるＴＰＰ交渉は、いまだ難航していて妥結のめどが立っていません。二〇一一年中に発足するとしても、せいぜい大筋合意的な発足になると見込まれます。いずれにせよ、日本もそれまでに滑り込み参加しようというわけです。六月までの決断は先送りされたけれど、実は水面下で話が進んでいて、ＴＰＰ発足の間際になって突然滑り込むというような、要するに国民に対する「不意打ち」が起こりかねないのです。

ＴＰＰは日本経済や社会の大枠に激変をもたらす可能性が高い協定です。ですから、大震災からの復興作業はいまだ大変ですけれども、そうした中でもＴＰＰ問題についてはきちんと議論しておく必要があります。正確な情報を共有し、じっくりと時間をかけた議論を国民に喚起しなければ、後で取り返しがつかないことになると強く危惧しております。

震災復興のためにＴＰＰが必要だという拙速な議論が増えている現状を踏まえて、本来の震災復興はどうあるべきか、そして、日本の農業・食料システムと日本社会の再生のために今何をするべきかについて、筆者らの対案を示したいと思います。

机上の復興プランと遅れる震災復旧

大震災からもう何ヶ月も経ちましたが、各地の現場は今もまだ言葉を失うような大変な状況が続いている一方、現場から遠く離れた東京の会議室で、机上の空論のような十年とか二十年先の長期復興プランが飛び交っていることには違和感を覚えざるを得ません。

非常に多くの方々が、家族も住む場所も仕事も失いました。田畑や漁船を失ったり、放射能問題で農産物や生乳や魚介類が売れなくなった農漁家が経営破綻の危機に直面しています。これは待ったなしの問題です。現場の必死の努力を後押しするには、仮設住宅や生活費、雇用の提供、補償支払い、生産設備の復旧などが今すぐ必要です。目下の困難を乗り切る見通しを現場の人々が立てられないままでは、希望のもてる長期計画などあり得ません。

しかし、これまでの政府の対応には、機動性、即応性、責任ある約束が欠如しています。予算も、義援金も、原発賠償も、なかなか現場に届いていません。これほどの事態にあって、具体的中身の薄いパフォーマンスや言動、そして保身のための責任逃れが目立っています。

田植えができない、あるいは田植えをしてもコメが売れないかもしれない水田、売れない野菜や生乳を抱えて途方に暮れる多くの農家に対して、これまでに生じた損失の緊急補てんと今後の販路確保の約束が不可欠です。農業組織も、国の対応の遅れを何とかしようと、共済の早期支払いや損失補てんの立替え払いなどで必死の対応をしています。しかし、こうした中、相馬の酪農家が亡くなられたことは痛恨の極みです。

平時の手順で非常時に対処しては間に合わない

現行の法律・規則の範囲で何ができるかといった解釈論や手続きに時間を取られて、現場に必要な手だてが遅れることは許されません。日本の組織は、既存の枠組みや前例の範囲で何ができるかといった解釈論は得意ですが、不測の事態になると、従来の枠を超えて主体的に動くということが苦手な傾向があります。

しかし、法律や制度は現場を救うためにあるのです。法律解釈に時間をとられて現場を救えないのなら一体何のための法律や制度でしょうか。法律が金科玉条なのではなく、現場の必要性こそがすべての出発点です。つまり、非常時には弾力的な運用をするのが当然です。

現場に任せて、リーダーは全責任をとる覚悟を

たとえば、現場独自の優れた復旧プランがあっても、それを実行する財源が不足している場合には、平時の予算執行ルールに縛られずに概算的な資金投入を早急に指示できるようにして、関係省庁や現場が柔軟に動けるようにしなくてはなりません。国のリーダーが「自分がすべての責任をとるから、現場の判断で動いてくれ」と言うべきときに、逆に、現場にも任せず、責任もとらないようでは現場がもちません。

原発問題についても、第一に東京電力の責任であることは当然ですが、国の責任も決して避けられません。にもかかわらず、「原子力損害賠償法」の解釈をめぐって双方が責任の押しつけ合いをしている有様です。こんなことで時間ばかり浪費していては、一刻を争う現場はどうなるのでしょうか。

東京電力には後で精算する形で負担を求めるとして、当面の住居や生活資金、雇用

確保などの緊急の問題については、国がまず責任をもって仮払いを急ぐべきです。再生エネルギー計画も長期的には大事ですが、その前にやるべきことがないがしろにされてしまってはならないのです。

深刻な情報操作

国民に提供する情報は「全部出すものではなく、操作するのが当たり前」といった不遜な感覚は今すぐ捨てなければなりません。生の情報を隠さずに出した上で、判断は国民に委ねるべきです。部分的な情報発信は、むしろ国民の不安を増幅して逆効果でしかありません。

特に今回のように、国民の命や健康に直結する情報を出し遅れたことはゆゆしき事態です。炉心溶融についても、飯舘村の放射線量の高さについても、海外からは即座に指摘されていたにもかかわらず、日本側は否定し、結局は事態が悪化してから認めました。最近になって神奈川や静岡のお茶や岩手の牧草、さらには宮城や岩手の稲わらから許容基準値を上回る線量が検出されたということは、これまでも相当な放射線被曝が広範囲に起きていた可能性が高いということでしょう。海外メディアの報道や外国人の日本からの帰国ラッシュは過剰反応だと日本では言われてきましたが、実は外国の対応こそが正常だったのです。本来は最も深刻に対応しなくてはならない日本国民が、真実を知らされず、自分たちが冷静に対応していることを合理的かのように自負していた、というのが悲しい現実です。

TPPについても情報操作が心配されます。TPPによって日本経済や地域社会が受ける深刻な影響については表に出されず、農業だけの問題にすり替えられ、農業を何とかしさえすればTPPに参加できるといった議論に矮《わい》小化されてしまっているわけです。農業への打撃が深刻なのは間違いありませんが、実は農業だけの問題ではないということを忘れてはなりません。

こういった重要な情報を国民に知らせないままでいる結果、もし国が間違った方向に行ったときには誰が責任をとるのか、これまでうやむやにされてきました。ですが本当は、今回の津波や原発の問題も含めて、関係した人々の責任は刑事責任を含めて問われるべきでしょう。誤った情報だと知っていて広めた報道機関や学者などの責任も重く見る社会でなければ、再発を防止できないと思います。

農産物の放射能汚染問題への政府の対応も、いきなり県単位で出荷停止してしまった上、「直ちに健康に影響はない」といった曖昧な説明に始終していたために風評被害が増幅されました。わかっている情報を正確に伝えて、問題が出た地域の該当野菜だけを止めればよかったのです。また、消費者の安心を確保するためには、きめ細かな線量測定情報が必要で、観測地点の数と観測頻度を早急に増やすことが重要ですが、まだまだ体制が追いついていません。

一方、生産者サイドは、農作物の風評被害を少しでも食い止めようと、都内で直売会を開催するなどの懸命の努力を続けています。消費者サイドでも、福島産などの野菜を買い支えようという動きが起こっています。ところが、卸売市場では価格暴落が続いていますし、線量基準値を超えていないにもかかわらず福島産トマトの栽培契約の継続を見送った加工メーカーもあります。地域社会で支え合うことの重要性が再認識されたと言われ、生産者も消費者も支え合おうとしているときに、もしも加工・流通・小売関係者が「買いたたく」ようなことをしているとすれば、非常に残念です。苦しいときにも生産・加工・流通・小売・消費が支え合うことが、日本の食の明るく確かな未来につながるのです。

「想定外」では許されぬ、コストをかけても備えねばならぬこと

単純な規模拡大によるコスト削減を含めて、目先の効率性追求には限界があることが露呈しました。規模は大きくなくても、自前で、あるいは近隣で原材料を調達できるような自給力ある経営、不測時にも対応力が高いサステイナブル（持続可能）な経営、そして、関係者が相互に支え合うことで成立する社会システムが見直されつつあ

ります。

今回の大地震、大津波、原発事故は「想定外」ではありませんでした。目先のコスト削減を重視して、起こり得る事態に準備していなかったから被害が拡大したことを認めるべきです。千年前の貞観《じょうがん》地震にさかのぼらなくとも、百年前の明治三陸地震の経験を踏まえれば、間違いなく想定すべき事態だったのです。つまり、「東日本大震災を想定できなかったことへの反省」でなくて、「想定される事態に準備しなかったことへの反省」が必要なのです。その反省をしっかりと行うことが出発点であり、「想定外」で済ませたり、責任をうやむやにするなどは許されないことです。

その反省に立って、安全対策の費用対効果の考え方も大きく見直す必要があります。たとえば下水処理施設などでは、あまりにも確率が低い豪雨に備えるための設備にコストをかけるよりも、何十年かに一度は床上浸水の可能性も許容しようといった判断が行われます。もし軽微な被害であれば、コストとの関係でやむを得ないという判断はあり得るでしょう。ですが、百年や千年に一度の頻度であっても、起こることが決して許されない災害については、「減災」にとどめず、莫大なコストがかかっても防止しなくてはなりません。一度でも起きたときに取り返しがつかないような問題を、短期的な費用対効果で議論してはならないのです。

「逃げる」でよいのか

それなのに、東日本大震災からの復興を進める上での基本的な考え方として、「防波堤などで津波を完全に防ごうとするのではなく、被害を最小限に抑える「減災」の発想を取り入れ、災害教育や避難路整備などを重視する」ことが提起されたのは、この大災害の教訓を真に受け止めているとは思えない議論です。費用が大きすぎるから「百年に一度」に備える防波堤は必要ないとして、防波堤はそこそこにして、宅地を高台に農地を低地に造成するというのでは、農作業者を危険にさらし、もし農地が海水浸しになっても、また何度でもやり直せばいいということなのでしょうか。かつて、岩手県北部の普代村の村長（故人）が、明治三陸津波と同程度の津波にも耐えられる堤防を周囲の反対を抑えてでも完成されたことにより、多くの村人の命が救われたのです。この実例を忘れてはなりません。

食料もそうです。食料が入ってこないような状況はそれほど頻繁にあるものではないから、コストが高い日本で作るのはやめて、輸入に依存しても大丈夫だという見解があります。さらには、日本の農産物は放射能汚染が不安だから、ＴＰＰに参加して輸入を増やさなくてはならないといった見解さえあります。しかし、そうした対処ではすまないはずです。ある程度コストがかかっても、最低限の国内生産を維持しようという認識が高まるべきときではないかと思います。人々が安心して暮らせる持続可能な社会のためにはどういったシステムが必要か、食料自給のあり方も含めて、真に有事に強い国のあり方を考え直さなければなりません。

震災復興とＴＰＰをめぐる心ない極論

地域が未曾有の打撃を受けた今、さらに地域に追い打ちをかけるようなＴＰＰ推進は白紙に戻すのが常識的な判断です。冒頭でも触れたように、ＵＳＴＲのカーク代表も、震災後の三月三十一日に、「大震災の上、ＴＰＰで日本に追い打ちをかけるようなことは当面はできない」と述べました。つまり、「ＴＰＰは日本を苦しめるものだ」と米国自身が間接的に認めているのです。

ところが、日本の政府や経済界では、逆に、こういうときこそ開国をして経済を活性化しようという議論が強まっています。米国を頼ることで成立するのが日本だから、米国依存に徹するのが国の方向性であり、だからＴＰＰ参加も当然だというのです。

しかし、今問われているのは、日本が独立国として自国を自国で守れる国なのかということです。震災後の世界各国からの温かい支援、特に米軍の多大な支援は本当に有り難いものでしたが、これだけ米国にお世話になったのだから、米国が求めるＴＰＰへの参加を断れないのかというと、それはまた別問題として考えるべきでしょう。ＴＰＰに参加するかどうかは、独立国家としての日本のあり方に関する重大な選択でもあります。

また、農地や漁場が壊滅的な被害を受けたのを見て、一部の識者は「今こそ大規模化の好機」「それを全国モデルにしてＴＰＰなどの貿易自由化を推進する」「自由化して世界と戦えば、日本の農業も強くなり、輸出産業になれる」といった議論を展開しています。「農地や漁場所有も自由化して、農漁業への企業参入を進めよう」という議論も出てきています。現場の農漁家がいかに経営を再建するかに苦闘している直中に、現場の経営者を排除してでも新たな農漁業展開の契機にしようというのは、まず人としての心が問われます。

しかも、それがどうして全国モデルになり得るのでしょうか。このような大震災がなければ大規模区画にできないほどに日本の農地の規模拡大は難しいわけで、もし被

[写真] 西オーストラリアの小麦農家–この1区画で100ha

災跡地で実現できたとしても、それは全国のモデルになるはずがありません。ましてや、「だから貿易自由化してゼロ関税でも大丈夫」というのは空論です。その程度の規模拡大では、一経営当たり数千ヘクタールの米国やオーストラリアの農業経営と競争できるはずがないのです。たとえば、TPPの一国であるオーストラリアで筆者が視察した小麦畑は、一区画が百ヘクタールで、全部で五八〇〇ヘクタールの経営でしたが、それでもこの地域（西オーストラリア）の平均よりも少し大きいだけでした。しかも、労働力は基本的に本人と叔父の二人だけです。このような、努力しても超えられない格差に配慮して、条件の悪い国が国内農業を保護することは、土地利用型農業では世界でも当たり前のことです。農業は自然や土地条件が大事で、工場で車を造るのとはまったく違うのです。

今回の一連の対応を見ていると、リーダーたる人々が、本当に現場の人々の置かれている状況と気持ちを理解しようとしているのかどうか疑いたくもなります。また、震災復興と結びつけて自らに都合がいい主張をする「論理の飛躍」や「極論」が目立ちます。現場を知らない人が理詰めで空論を展開するのは控えたほうがよい。具体的なプランは、できるかぎり地元自治体と住民や農漁家に委ね、それを実現するために必要な予算を国が一刻も早く確保・支出するという連携が望まれます。

「開国」の意味

ＴＰＰはＦＴＡ（自由貿易協定）の一種ですが、今までのＦＴＡと決定的に違うのは、関税撤廃などにおいて重要品目の例外扱いなどが原則的に認められない点です。また、非関税措置といわれる制度やルールの廃止や緩和、共通化も目指します。つまり、協定国の間に国境がないかのように、人やモノや企業活動が行き来できる経済圏を作ろうというのがＴＰＰの目標です。しかも、たとえば米国企業が日本で活動するのに障害となるルールがあれば、米国企業が日本政府を訴えてルールを廃止させることができる条項も盛り込まれる可能性があります（鈴木・木下、二〇一一年、一〇六ページ参照）。

ＴＰＰは、ＥＵ（欧州連合）などに近いかなり包括的な経済連携協定になるでしょう。それに日本も参加するとなれば、すべての国内産業、雇用、そして国民生活の根幹をなす社会システムに劇的な変化がもたらされるでしょう。経済政策や産業政策の自主的運営がかなりの程度制約される可能性も覚悟する必要があります。ＥＵが形成されるのに費やされた長い年月を考えれば、それと類似のレベルの経済統合を数ヶ月のうちに一気に達成しようというTPPの凄まじさがわかります。

またＴＰＰへの対処は、日本の今後の長期的な貿易戦略、外交戦略のあり方を内外に明確に示すことにもつながります。拡大する欧州圏、米州圏に対して、日本を含めたアジア諸国全体がいかに対峙していくのかを方向付ける一つの転機にもなり得るのです。

「開国が必要だ」と連呼されていますが、開国とは一体どういう意味なのでしょうか。日本が鎖国しているというのでしょうか。実は、日本の製造業の関税は世界で最も低く、農業の関税も世界で何番目かに低いほど、すでに大きく市場を開いているのが日本なのです。その証拠に、現在の日本の食料自給率は約四〇％という低さです。つまり、日本人の体の原材料の六〇％を海外の農産物や食料に依存しているということです。これは、原産国表示ルールで言えば、日本人の体はすでに「国産」ではなく、かなりの程度、米国産や中国産になっているということです。こんな国は他にどこにもありません。鎖国というのは事実誤認も甚だしい。

すでにこれほど開国された日本が、さらなる「開国」を本当にやってしまえば、それこそ「最後の砦」を明け渡すということです。それは日本社会全体に激しい痛みをもたらします。それなのに政府は、ＴＰＰによって日本が何を得て何を失うことになるのかといった具体的な情報を国民にほとんど知らせていません。二〇一一年の二月から三月にかけて各地で「開国フォーラム」が開催されましたが、たとえば看護師の受け入れ方針などの個別事項になると、「情報がない」「交渉してみないとわからない」といった言い回しに終始するなど、日本として主体的にどうするのかは示されませんでした。

「情報がない」といいますが、二〇〇六年にすでに発効している四カ国間でのＰ４協定がＴＰＰ協定のベースになるわけですから、少なくとも、この協定をもう少し説明しないのかということが問われます。国民が自分で読もうと思っても、これは英文で一六〇ページもある法律の文書で、なかなか困難です。

Ｐ４協定の中で特に気になるのは、「内国民待遇」（自国民・企業と同一の条件を相手国に与えること）（鈴木・木下、二〇一一年、九一ページ参照）です。金融、保険、医療、建築などのサービス分野や政府調達について内国民待遇を徹底するというのは、かなり重要なことです。たとえば市町村の公共事業の入札も英文でも告知しなければならないですし、現場をよく知らない海外企業が落札することも出てくるかもしれません（京都大学藤井聡教授らが指摘しています）。

また、二〇一一年一月に開催された日米間の第一回目の情報交換会議で、米国は日本に対して例外措置を認めないことに加えて、ＢＳＥ（狂牛病）への対応として日本が米国産牛肉の輸入を若齢牛のみに限定している輸入規制に対しても指摘があったとのことです。つまり、米国はＢＳＥ検査をちゃんとやっていて安全なのだから輸入規制を撤廃しろと。しかし本当に安全なのでしょうか。実際には、みなさんもご存じの通り、米国でのＢＳＥ検査は十分ではない可能性があります。だから日本が国民の健康を守るために輸入ルールを設けているのに、それがけしからんというのです。

さらに、すでに米国はニュージーランドやオーストラリアに対して遺伝子組換え食品の表示制度の廃止を求めています。米国では遺伝子組換え食品は安全だとされているので表示義務はありませんが、日本にはしっかりと表示義務がある上に、「遺伝子組換えでない」という任意表示も認められています。こうした任意表示も含めて、米国内では実施されていない制度や民間の任意の取り組みの廃止・禁止を求められることは間違いありません。

食品添加物や残留農薬などの安全基準もそうです。米国は、食品安全基準の多くを世界で最低限の許容値であるコーデックス基準に設定しています。そうすると、食品添加物は日本では八百種類ぐらいしか認められていないけれども、米国基準が適用されれば三千種類ぐらいに増えます（小倉正行、二〇一一年）。こういうことも含めて、TPPによって安い食べ物が入っても、いろいろな意味での安全性というものは失われる可能性があります。

日本が木材の関税を昭和三十年頃にゼロにして、その後何が起きたかを思い起こす必要もあります。関税撤廃前は九五％もあった木材自給率は一八％まで下がり、林業経営がほとんど成り立たなくなった国内の山々は二束三文に値下がりしました。そして気がついてみたら、日本人よりも高く買ってくれる外国人に売ろうということで、山がどんどん外国人の所有になっているという状態も出てきたわけです。世界では、農林水産業は国境を防衛して領土を守ってくれているという感覚が当たり前なのですが、日本ではそういった議論はほとんど出てこない。たとえば一番わかりやすいのは、砂糖の関税が撤廃されて砂糖産業が崩壊すれば、南の離島に住む人がいなくなるわけです。そうすれば、尖閣諸島のような領土問題が広がる可能性もあります。

コメ、畑作、畜産なども、もしゼロ関税になれば、全国の田畑が荒れ果てるでしょう。野菜や果樹への転換が進めば、青果物の価格も暴落するでしょう。田畑にペンペン草しか生えなくなれば、地域コミュニティそのものが崩壊していくのは明らかです。水田があり農業があることによって、そこに加工業や輸送業や観光業やいろんな産業が成り立ち、地域の商店街が成り立って、コミュニティが成り立っているわけですから。もし地域コミュニティが崩壊した上に、二〇〇八年のような世界食料危機がもう一度起こったとしたら、もうコメが手に入らないわけです。あのときはフィリピンとかエルサルバドル、ハイチなどで、コメをめぐる暴動が起きて死者さえ出ました。こういうことが人ごとではなくなるということです。

以上のように、ＴＰＰの影響は、食料や農業分野を中心として国民生活全体に及びます。だから、「農業のせいで国益が失われる」かのような、「農業保護 vs 国益」という対立の図式によってこの問題を捉えるのは、的を外れた議論です。しかし、農業関係者が当初から強く懸念を表明したのを逆手にとって、「そうだ、農業が問題なのだから、農業改革をすればＴＰＰに参加できる」といった議論に矮《わい》小化しようとする傾向があります。農業分野以外の問題には意図的に触れないような情報操作が感じられます。たとえば製造業でも、繊維とか革製品などは歴史的にゼロ関税にすることは非常に難しいし、看護師の受け入れなども容易に進められるはずがありません。このことについて、所管官庁の方に個人的に聞いてみますと、「どう対処するかはまだ議論していないし、上からの指示も出ていない。個人的には今まで以上の対応は困難だと思っている。」という回答なのです。これはもしかしたら、国の中枢部ではまだ具体的議論が詰められていないのに、とりあえずＴＰＰ交渉に参加してしまおうといった、情報操作以前の問題があるのではないかと疑われます。

ＦＴＡの本質

「貿易自由化」という言葉には、注意が必要です。近代の経済理論や、特に米国主導の市場至上主義は、「自由貿易」の理論上の合理性・正当性を主張しているし、「自由」という言葉自体が、何か普遍的に正当なものを連想させる言葉でもあります。しかし、「自由化」という名を借りて、実際には何が行われようとしているのかをしっかり把握する必要があります。

日本は長らくＧＡＴＴ（関税と貿易に関する一般協定）とＷＴＯ（世界貿易機関）に基づく多国間での互恵的な貿易交渉を支持して、ＦＴＡ拡大の動きを批判してきま

図1　日本を取り巻く経済連携関係の錯綜

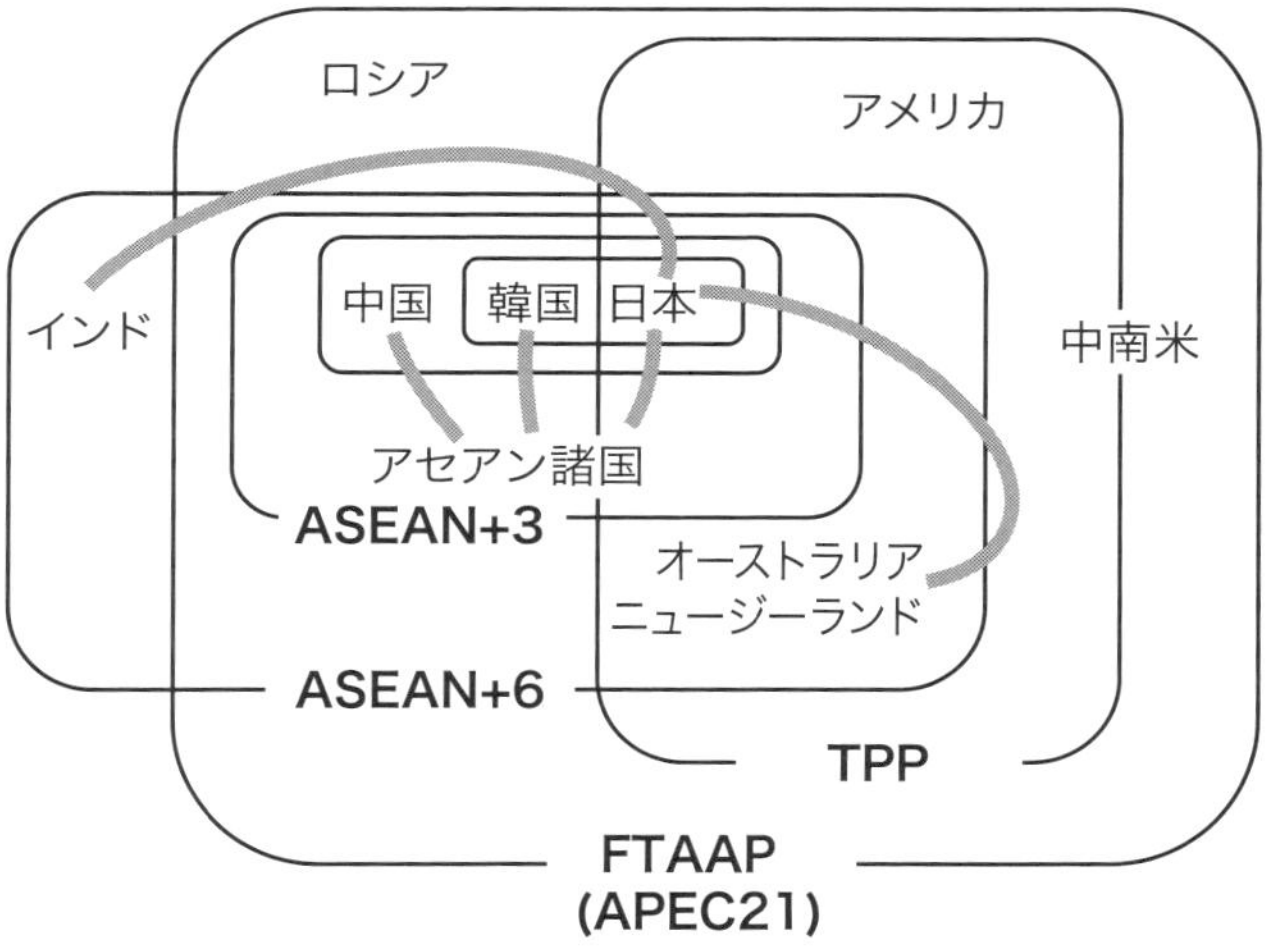

した。しかし、近年世界的にＦＴＡが増えている中で、日本も大きく方針転換し、今では近隣アジア諸国との二国間協定を中心に、多くのＦＴＡをもつようになりました。

こうした中で、かつてはＷＴＯの重要性を主張してきたはずの経済学者の多くが、二〇〇〇年代入るとにわかにＦＴＡの重要性を主張し始め、ついにはＴＰＰしか日本には選択肢がないかのような主張も増えています。今まで日米ＦＴＡなど無理だと言っていたのに、その同じ人が、今では日米FTAと同等かそれ以上に条件が厳しいTPPに賛成するといったことも起きています。

FTAの本質とは何か。TPPはFTAの一種ですけれども、自由貿易協定というのは、そもそも「悪い仲間づくり」です。特定の仲間にだけ関税撤廃などの優遇措置を付与し、その他の国々には関税を残すという差別待遇をするわけです。つまり、「自由貿易」と言いますが、特定の国を優遇する「市場の囲い込み」(金子勝、二〇一一年)がその本質なのです。こういう動きが盛んになってくると、問題なのは、「悪い仲間」だとわかっていても、仲間はずれになると焦りが生じて、仲間に入らざるを得なくなる。今世界中でFTAが急増しているのは、結局そういうことの連鎖が起きているわけです。

TPP参加のメリットを声高に主張している日本の輸出産業にしても、自分たちが得られる利益がごくわずかだということは承知なのかもしれません。米国の自動車の関税はすでに二・五%でしかなく、現地生産も進んでいるのだから、もし韓国に先を越されると言ったって日本の損失はわずかです。しかし、先を越されたという焦りが前面に出て、「国益が失われる」といった極端な表現になり、これに政府が乗っかり、マスコミが乗っかって、ＴＰＰに参加しなければ日本が沈没するみたいな議論になっているのです。

多くのＦＴＡが世界に併存することは、原産国表示などの貿易ルールの錯綜による様々な弊害をもたらします。交渉費用を含む行政コストの膨張にもつながります。隣国が締結したからこちらも乗り遅れるな、といったやみくもな拡大ではなく、本来の国益や長期的戦略に基づいて対処することが求められます。

「例外なし」が優れたＦＴＡだというのは間違い

「ＴＰＰのような例外なしのＦＴＡが最も優れた自由貿易協定だ」という議論をよく聞きますが、これは実は間違っています。ＦＴＡはそもそも「悪い仲間づくり」なのですから、仲間はずれになった国は迷惑を受けて、世界全体としてはプラスにならない可能性があるわけです。これは「経済厚生」という経済学の基準を計算してみればすぐにわかります。

ＴＰＰとほぼ同義の日米ＦＴＡの場合で試算すると、すべての関税をゼロにした場合、「その他世界」が受ける損失は四六億四五〇〇万ドルにも及びます。しかし、コメなどの高関税品目を例外扱いとすれば、「その他世界」が受ける損失はかなり緩和されて、一五億五〇〇万ドルにまで減ります。当事国の日本にとっても、すべての関税をゼロにした場合は八億二四〇〇万ドルの利益しか得られませんが、農産物を例外扱いにすると、利益が増えて一九億六六〇〇万ドルとなります。つまり、一般に言われるような、徹底的にゼロ関税にするのが一番いいＦＴＡだというのは間違いで、むしろ高関税品目を例外扱いにした方が日本の国益に合うし、他の国への被害も緩和できるのです。こういう計算結果は、ＴＰＰを推進する立場にとっては不都合なので隠されています。

これまでのＦＴＡで農業が障害だったというのは間違い

それから、「今まで農業分野が障害となって貿易自由化が進まなかったのだからＴＰＰで強行的に自由化するしかない」といった議論も間違っています。筆者は今までいろんな国とのＦＴＡの事前交渉に学者の立場で参加してきましたので、その実態はよくわかっています。

たとえば、日韓ＦＴＡの交渉が農業分野のせいで中断しているというのは誤解です。一番の障害は製造部門の素材・部品産業なのです。というのは、韓国側が、日本からの輸出増大で被害を受けると政治問題になるので、「日本側から技術協力を行うことを表明して欲しい。それを協定の中で少しでも触れてくれれば国内的な説明が付く」と言って頭を下げてきたけれども、日本の担当省と関連団体は、「そこまでして韓国とＦＴＡを締結するつもりは当初からない」といって拒否したのです。これには筆者

表1　日米、日EU・FTAにおける農業・食品分野の例外化効果　（百万ドル）

		日米FTAの場合	
	例外なし (a)	例外化 (b)	b−a
当事国	日本　824	1,966	1,142
	米国　3,625	−811	−4,436
その他世界 （うち途上国）	−4,645 (−2,022)	−1,505 (−724)	3,140 (1,298)
世界計	−196	−350	−154

		日EU・FTAの場合	
	例外なし (c)	例外化 (d)	d−c
当事国	日本　1,126	2,132	1,006
	EU　636	−657	−1,293
その他世界 （うち途上国）	−2,316 (−998)	−1,623 (−712)	693 (286)
世界計	−554	−148	406

出所：筆者らの研究グループによる試算。

もびっくりしましたが、韓国の方も、「FTAを一番やりたいと言っていたのは日本側じゃなかったのですか」と本当に驚いておりました。FTAを一番推進したがっていた人たちが交渉を止めているというのが実態なのです。にもかかわらず、報道発表になると、「また農業のせいで中断した」と説明されてしまいました。

もっと徹底しているのは金融関係です。韓国との事前交渉は八回ありましたが、日本の担当省庁は、金融関係で譲れることは一つもないので交渉のテーブルに着く意味がないと言って、一度も出てこなかったのです。サービス分野の多くが、このぐらい徹底して自由化を拒否しているわけです。

タイやマレーシアとのＦＴＡ交渉も同じで、先に決まったのは農産物でした。日本は品目数で九割の農産物関税が三％程度という低さですから、かなりの撤廃を受け入れて、困難なコメなどについては、相手国の農業支援を打ち出して「自由化と協力のバランス」をとることで、例外扱いすることに納得してもらっています。最後まで難航したのは、日本側が相手国に徹底した関税撤廃を求めた自動車や鉄鋼でした。

チリとのＦＴＡでは銅板が大きな課題でした。日本の銅板の実効関税は一・八％と低いのですが、国内の銅関連産業の付加価値率、利潤率は極めて低いからわずかな価格低下でも産業の存続に甚大な影響があるとして、関税撤廃は困難だと主張し、守り通しています。

そういう点で言うと、サービス分野をはじめ、相手国に対して非常に厳しく拒否することが多い日本の関係省庁の交渉姿勢には、再考の余地があると思います。筆者が農水省出身だから肩をもつわけではありませんが、「障害」であるかのように言われている農水省が、最も誠意をもって臨んでいます。

「農業保護 vs 国益」ではない

「一・五％のために九八・五％を犠牲にするのか」といった議論はおかしいのです。だいたい一・五％という考え方がまず問題です。農業生産がGDPに占める比率は一・五％だとしても、農業がそこで展開されていることによって、いろいろな産業が成り立ち、商店街が成り立ち、自然も守られ、コミュニティが成り立っているというのが地域社会の現実です。また、「TPPに参加すれば九八・五％が利益を得る」というのも間違いです。輸出が伸びたとしても、輸出のシェアはGDPの一四％です。その一四％が大事だということは認めますが、韓国のように輸出入合わせた貿易依存度が

（誤）	国益 vs 農業保護	
（正）	輸出産業(の経営陣)の利益 vs	製造業における雇用喪失、金融、保険、法律、医療、建築など、労働者（看護師、介護士、医師、弁護士等）受け入れを含むサービス分野の損失、繊維、皮革、履物、銅板、コメ、乳製品等のセンシティブ（重要）品目の損失、食料生産崩壊による国家安全保障リスク増大、水田の洪水防止機能や生物多様性の喪失、国土・地域の荒廃等

八二％の国とは全然違うのです。それに、もし輸出産業が伸びても、労働力が自由化されれば、そこで働いているのは日本の人ではないかもしれません。

ですから、ＴＰＰ問題の図式は、「ＴＰＰの利益をとるか、農業保護をとるか」の二者択一ではないのです。ごく一部の輸出産業（の経営陣）の利益のために、他に何をどれだけ失うことになるのかを総合的に評価し、国家戦略に基づいた長期的な「真の国益」にかなう決断を見いださなければなりません。

農業分野はＴＰＰの議論が浮上した早い段階で反対表明を出しましたが、医療関係もかなり早い段階で問題提起を行いました。医療と農業は、直接的に人々の命に関わるという点で公益性が高いわけで、共通性があります。

筆者は米国に二年ほど滞在していたので、医療問題は切実に感じています。コーネル大学にいたのですが、コーネル大学の教授陣との食事会のときに二言目に出てくるのは、「日本がうらやましくてしょうがない。日本の公的医療制度は、適正な医療が安く受けられる。米国もそうなりたい」ということでした。ですが、TPPに参加すれば、逆に米国の制度が日本に押しつけられることになりかねません。そうなれば、日本も米国のように、高額の治療費を払える人しか良い医療が受けられなくなるような世界になります。地域医療も今以上に崩壊していくことは目に見えています。

TPPの議論を契機に、また市場至上主義的な主張が強まっています。確かに、既得権益を守るだけのルールは緩和すべきでしょうけれども、だからルールは何もない方がいいというのは極論です。経済政策学者が政策はいらないというのはほとんど自己否定していることになります。All or Nothing（ゼロか百か）ではなく、規制と自由化の最適なバランスを見つけるべきです。

農地法の再改正問題もそうなのですが、二〇一〇年十二月に農地法改正したばかりなのに、もっと全面的にルールを廃止せよといった議論がまた出てきています。要するに、山だけじゃなくて、農地なども、米国企業も含めてどの企業でも自由に買えるようにしようということですが、こういうことがどんどん進むというのがTPPのもう一つの側面として心配されます。

例外は認められるか

最近のTPP推進議論でよく聞くのは、「とにかく入ってみて交渉すれば、例外も結構認められるんだよ」といった、まったく根拠のない「とにかく入ってしまえ論」です。しかし、すべて何でもやりますという前提を宣言しないと、TPP交渉には入れてくれません。カナダの場合、「乳製品の関税撤廃は無理なので」と言ったものだから門前払いになっています。

ただ、米国を含めた世界各国が、国内農業や食料市場を日本以上に大事に保護しています。たとえば欧米で言えば、乳製品です。乳製品は、日本のコメに匹敵する、欧米諸国の最重要品目です。米国では、酪農は電気やガスと同じような公益事業とも言われ、絶対に海外に依存してはいけないとされています。でも、米国は戦略的だから、乳製品でさえ開放するようなふりをしてTPP交渉を始めておいて、今になって何を言っているかというと、日豪FTAで実質例外扱いになっている砂糖と乳製品を、TPPでも日豪間で例外にしてくれと言っているのです。オーストラリアよりも低コストのニュージーランド生乳については、独占的販売組織（フォンティラ）を不当として、関税撤廃の対象としないよう主張しています。つまり、「自分より強い国からの輸入はシャットアウトして、自分より弱い国との間でゼロ関税にして輸出を増やす」という、米国には一番都合がいいことをやろうとしています。

こうした米国のやり方にならって、「日本も早めに交渉に参加して例外を認めてもらえばいいじゃないか」と言っている人がいますけど、もしそんなことができるなら今まで何も苦労していません。米国は、これまで自分の事を徹底的に棚に上げて日本を叩いてきましたし、それに対して日本はノーと言えた試しがありません。特にTPPは、すべて何でもやりますと宣言してホールドアップ状態で参加しなくてはならないのですから、そう言って日本が入った途端にもう交渉の余地は無しです。この交渉力格差を考えておかなければなりません。米国は、輸出倍増・雇用倍増を目的にTPPに臨んでいるのですから、日本から徹底的に利益を得ようとするでしょう。ですから、たとえばコメを例外にするなど米国が認めるわけがないのです。

TPPの影響評価に関する各種試算の比較に意味はあるのか

各省がTPP参加の損得について試算を出していますが、各々の都合で数字が作られているということに注意が必要です。農水省が出した、関連産業を含めたGDP損

表 2　TPP の影響の評価額試算例　（兆円）

GDP ベース		
農水省	TPP 参加による農業と関連産業への影響（損失）	−7.9
経産省	TPP 不参加による輸出産業への影響（損失）	−10.5
内閣府	TPP 参加の利益と損失を相殺した経済効果（純利益）	2.4〜3.2
外部効果		
農水省	農業の多面的機能喪失分の金額換算（損失）	−3.7
総合評価	内閣府試算から多面的機能喪失分を引いた総合評価	−1.3〜−0.5

失額七・九兆円というのは少々水増しですし、経産省が出した、TPPに参加しなかった場合の輸出産業のGDP損失額一〇・五兆円というのはかなり水増しです。しかし、両方を差し引きすると、なぜか「二兆円から三兆円のプラス」という内閣府が出した試算とだいたい整合的なのです。

ところが、内閣府の試算も、TPP参加によって競争が促進されて産業の生産コストが半分になるという仮定が置かれているため、利益がかなり大きく水増しされているのです。筆者らは、内閣府と

図２　TPP 参加による日本の主要農産物の生産量変化 (%)

–GTAP モデルによる試算の過少性の検証–

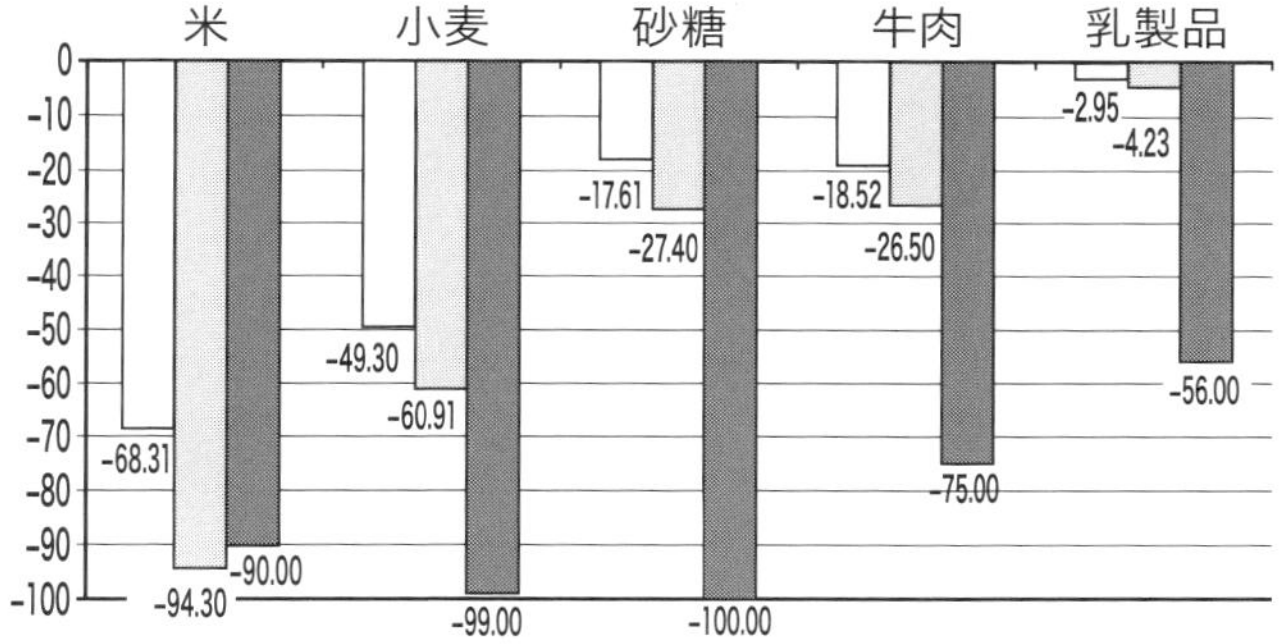

□ GTAP 既存値　□ GTAP1.25 アーミントン係数上昇　■ 農林水産省試算

資料：東京大学修士課程山本成信氏による試算。

同じＧＴＡＰモデルを使って、生産コスト削減を仮定しないで計算し直してみたのですが、その場合は日本の利益はほとんど増えないことがわかりました。つまり、仮定の置き方次第で、計算結果は相当に操作できるということです。ＧＴＡＰモデルとは、貿易政策評価における最も標準的で信頼性が高いモデルだとされていますが、数字の読み方には注意が必要です。

もう一つ、ＧＴＡＰモデルでは、国産品と輸入品との「差別化」が進んでいる状態を仮定しているため、輸入が増えても国内生産があまり減らず、国内生産への打撃が過小評価される構造になっていることにも注意が必要です。GTAPモデルによる我々（山本成信ほか）の試算では、TPP参加による日本の国内生産の減少量は、コメ七割弱、小麦五割弱、砂糖二割弱、牛肉二割弱、乳製品三％程度でしたが、農水省の見込みでは、コメ九〇％、小麦九九％、砂糖一〇〇％、牛肉七五％、乳製品五六％となっていて、極端な格差が生じています。つまり、GTAPモデルの結果に基づいて、農業への打撃は少ないというのは極めて危険だということです。

ここで仮に、内閣府の試算が正しいとして、TPP参加で二～三兆円の経済利益を得られるとしてみましょう。しかし、「外部効果」の喪失分を考慮すればどうなるでしょうか。外部効果とは、市場取引の金額には表れてこないが、間接的に経済的影響をもたらす効果のことです。たとえば、貿易自由化によって喪失する外部効果の代表は、農地がもつ「多面的機能」、すなわち、国内農地が荒廃することによって失われる、国土保全機能、災害防止機能、生物多様性保全機能などです。たとえば、田んぼが荒廃すれば洪水が起きやすくなりますので、もし田んぼの代わりにダムを造れば莫大な費用がかかります。農水省は、貿易自由化による農業の多面的機能の喪失額は約四兆円に相当すると試算しています。この損失を差し引けば、内閣府試算の二〜三兆円の利益など吹き飛んでしまいます。

二〇一〇年十月に名古屋で開催されたＣＯＰ10（生物多様性条約第十回締結国会議）では、生物多様性や生態系の価値を経済評価する取り組みが行われました。たとえば、種の絶滅のスピードが今のまま続けば、今後世界が被る損失は、最大で年間四・五兆ドル（約三七〇兆円）に相当するそうです。こうした試算を通じて、生物多様性の保全を政策決定や企業活動に反映させようということですが、この手法を国際的な貿易ルールに取り入れようという連動は、残念ながらまだ出てきていません。経済学の世界では、自由貿易などの影響評価は外部効果も含めた総合評価で行うのが常識になっているのに、貿易政策の議論になると、経済学も意図的に六十年前に引き戻されてしまうのです。

「所得補償があるから関税撤廃しても大丈夫」ではない

「所得補償があるから関税撤廃しても大丈夫」という議論がありますが、これも間違っています。現在のコメ所得補償で、一俵一万四〇〇〇円ぐらいの基準価格があって、カリフォルニア米が三〇〇〇円で入ってきた場合は、コメの差額補てんの総額はこうなります。

（一万四〇〇〇円－三〇〇〇円）÷六〇キロ×九〇〇万トン＝一・六五兆円

つまり、概算でも約一・七兆円にものぼる補てんを毎年コメだけに支払うのは、およそ現実的とは言えません。さらに、他の農産物も全部含めれば三兆二〇〇〇億円くらいになりますし、関税収入が失われる分も政策のための財源として新たに手当てしなくてはなりませんので、それも含めれば約四兆円になると考えられます。現在の農水予算が二兆円のところで、その倍の予算を新たに確保するのは、大震災を受けた今はもう不可能だと言っていいでしょう。

これに対して、この試算に用いた輸入米価格一俵三〇〇〇円は低すぎるのではないかとの指摘があります。現在の輸入価格は一俵一万円ぐらいまで上がってきているんだから、それと差額補てんをするのなら、それほど膨大な補てんにならないというのです。しかし、この議論は非常に危険です。現在の輸入価格が一俵一万円なのは、輸出国が数量枠の範囲でそのレント（差益）部分をとるために、だんだん価格を上げてきているからです。つまり安く売って、日本側にマークアップや関税で差益を取られるよりも、最初から売値を上げてきているわけです。これは、今の制度の枠組みがあるからこそで、自由化されてこの制度がなくなれば、輸出国の現地の生産コストに見合うもっと低い米価との競争になります。たとえば、米国の生産者米価は一俵当たり二八八〇円、オーストラリアも二八四〇円です（いずれも農水省資料）。やはり、自由化されれば三〇〇〇円弱で日本に入ってくると想定した方がいいのです。

それからもう一つ、「ゼロ関税になるまでに十年間の猶予があるから、それまでに規模拡大で生産コストを下げれば、補てんの負担は縮小される」という議論もありますが、こんな計算を勝手に机の上でされては困ります。規模拡大やコストダウンの努力はもちろん必要ですが、日本のこの土地条件で、十年間で米の生産コストを本当に半分にできるかというと、非常に難しいでしょう。

すると、次に出てくるのは、「補てん財源が足りなければ、補てんの対象を大規模農家などに絞ればいいじゃないか」という主張です。これは、賛否両論あるかも知れませんが、こういうことをやれば財政負担が減らせるという議論が行われているのは事実です。

消費者の立場で考える

一方、消費者の立場から見ると、「牛丼が百円安くなるのならＴＰＰに参加した方がいい」という意見もあるでしょう。こうした消費者の目線で問題を見直してみることも重要です。言い換えると、農業サイドの貿易自由化への反対表明は、農家利益、あるいは農業団体の利益に基づいたエゴと見られがちなことを忘れてはならないということです。

今こそ、生産者と消費者を含めた国民全体にとっての食料の位置づけというものを再確認することが必要だと痛感します。食料は人々の命に直結する必需財です。「食料の確保は、軍事、エネルギーと並ぶ国家存立の三本柱」で、食料は戦略物資だというのが世界では当たり前ですから、食料政策、農業政策のことを話せば、「国民一人ひとりが自分の食料をどうやって確保していくのか、そのために生産農家の方々とどうやって向き合っていくのか」という議論になるのが通常です。ところが、日本では、「農業保護が多すぎるのではないか」といった問題にいきなりすり替えられてしまいます。これは、意図的にそういう誘導をしようとしている人がいるということもあるでしょう。しかし、日本では、食料は国家存立の要だということがまったく当たり前ではないというのは事実です。国民に、食料の位置づけ、食料生産の位置づけについて、もう一度きちんと考えてもらう必要があると思います。

食料危機の教訓

まず、二〇〇八年の世界食料危機は、干ばつによる不作の影響よりも、むしろ人災だったということを忘れてはならないでしょう。特に米国の食料戦略の影響であったということを把握しておく必要があると思います。

米国が自由貿易を推進し、関税を下げさせてきたことによって、穀物を輸入に頼る国が増えてきました。一方、米国には、トウモロコシ農家の手取りを確保しつつ世界に安く輸出するための手厚い差額補てん制度がありますが、その財政負担が苦しくなってきたので、何かトウモロコシ価格高騰につなげられるキッカケはないかと材料を探していました。そうした中、国際的なテロ事件や原油高騰を受けて、原油の中東依存軽減とエネルギー自給率向上が必要だというのを大義名分としてバイオ燃料推進政策を開始し、見事にトウモロコシ価格のつり上げにつなげました。

トウモロコシの価格の高騰で、日本の畜産も非常に大変でしたが、メキシコなどは主食がトウモロコシですから、暴動なども起こる非常事態となりました。メキシコでは、NAFTA（北米自由貿易協定）によってトウモロコシ関税を撤廃したので、国内生産が激減してしまいましたが、米国から買えばいいと思っていたところ、価格暴騰で買えなくなってしまったわけです。米国の勝手な都合で人々の命が振り回されたと言っても過言ではありません。

日本が標的？

米国の食料戦略の一番の標的は、日本だとも言われています。ウィスコンシン大学のある教授は、農家の子弟への講義の中で、「食料は武器だ。日本が標的である。直接食べる食料だけでなく、畜産物のエサが重要だ。日本で畜産が行われているように見えても、エサ穀物をすべて米国から供給すれば、日本を完全にコントロールできる。これを世界に広げていくのが米国の戦略だ。そのために皆さんには頑張ってほしい」といった趣旨の話をしたそうです。実はそのとき教授は日本からの留学生がいたのを忘れてしゃべっていたとのことですが、「東の海の上に浮かんだ小さな国はよく動く。でも勝手に動かれては不都合だから、その行き先をエサで引っ張れ」と言ったと紹介されています（大江正章『農業という仕事』岩波ジュニア新書、二〇〇一年発行）。これが米国の食料戦略であり、日本の位置づけなのです。

ブッシュ前大統領も、農業関係者への演説では日本を皮肉るような話をよくしていました。「食料自給はナショナル・セキュリティの問題だ。皆さんのおかげでそれが常に保たれている米国はなんとありがたいことか。それにひきかえ、(どこの国のことかわかると思うけれども)食料自給できない国を想像できるか。それは国際的圧力と危険にさらされている国だ。(そのようにしたのも我々だが、もっともっと徹底しよう。)」という感じです。

徹底した食料戦略が高い自給率の源

重要なことは、米国は競争力があるから輸出国になっているのではなく、手厚い農業保護のおかげで輸出国になっているという事実です。たとえば、米国のコメ生産費はタイやベトナムよりもかなり高く、競争力からすれば米国はコメ輸入国になるはずですが、今では米国の国内生産量の半分以上が輸出され、タイ、ベトナム、インドに次ぐ世界第四位のコメ輸出国となっています。なぜこんなことができるのかというと、米国のコメの販売価格は一俵四〇〇〇円ぐらいで安いのですが、コメ農家が十分に再生産できるような所得補てんの基準価格が決まっていて、それとの差額が政府から全額補てんされているからです。つまり、いくら安く売っても増産していけるだけの所得補てんがあるし、いくら増産しても安く輸出できる「はけ口」が確保されていて、在庫が累積し続けることもありません。まさに「攻撃的な保護」（荏開津典生、一九八七年）です。この仕組みはコメだけでなく、小麦、トウモロコシ、大豆、綿花などにも使われ、米国の食料戦略を支えています。

この米国の穀物などへの不足払い制度は、輸出向けについては明らかに実質的な輸出補助金なので、ＷＴＯから削減を命令されるところかと思われます。しかしながら、実際にはＷＴＯからも「お咎めなし」なのです。輸出補助金に相当する部分の金額を試算してみると、コメ、小麦、トウモロコシの三品目だけでも、米国は多い年で約四千億円も支出しています。さらに、災害・途上国などに向けられる食料援助は「全額補助の究極の輸出補助」と見なすこともできますが、これに一二〇〇億円が支出されており、輸出信用については四千億円が支出されています。輸出信用とは、焦げ付くのが明らかな相手国に米国政府が保証人になって食料を売るしくみで、結局は焦げ付いて米国政府が輸出代金を負担することになります。この輸出補助金、食料援助、輸出信用を合計すれば、米国の輸出補助金相当額は一兆円近くにものぼります。

ＴＰＰのような極端な自由貿易協定になると、輸入側はすべてゼロ関税にしろと言われるのに、売る側がもっと安く売るための輸出補助金は野放しになります。こういう協定は売る側と買う側で徹底的に不公平になる点も忘れてはなりません。

さらに言えば、日本のおいしいコメを中国の皆さんは食べたいと言っているので、もっと売りたいと思っても、日本のコメはそもそも高い上に輸出補助金なしで売らなければいけないのです。米国は、そもそも安いものをさらに安く売るために一兆円も使っているのに、日本は輸出補助金を使えないというのはずいぶん不公平な話です。米国は、自分は輸出補助金を使っていても、日本が使おうとするとすぐにストップをかけてきます。事故米でずいぶん問題になったコメのミニマムアクセスも、あれは、どこにも最低輸入義務だとは書いてないのに、日本が国家貿易だということを理由にして、毎年全量を輸入しています。本来は、ミニマムアクセスとは需要がなければ輸入しなくてもいい枠なのに、無理に輸入しているわけです。なぜ最低輸入義務でもないのに入れているのかという本当の理由は、力関係です。米国から釘をさされているからです。

これまでも米国からの要請で日本のいろいろな政策が決められてきました。TPPというのは何なのかというと、そうした従属関係を完結するものです。米国には従来から大変お世話になっているのだから、それこそが日本が国際社会で生きていく道なのだという人もいます。

日本農業過保護論の誤り

日本の農業が過保護だから弱いというのは誤った理解です。日本人は、ルールを金科玉条のように守るというその気質から、WTOルールを世界で一番真面目に受け止めて保護削減に懸命に取り組んできました。その結果、一般に言われているような過保護な農業なんて、日本にはもう当てはまらなくなっていて、逆に諸外国の農業の方がよっぽど過保護になっているのです。この点、最近は同様のことを言ってくださる方がかなり増えていますが、ここでもう一度確認しておきますと、農業所得に占める財政負担の割合は、日本の場

表３　農業所得に占める直接支払いの割合（%）

国名	割合
日本	15.6
アメリカ	26.4
小麦	62.4
トウモロコシ	44.1
大豆	47.9
コメ	58.2
フランス	90.2
イギリス	95.2
スイス	94.5

資料：エコノミスト 2008 年 7 月 22 日号等。
注：我が国のコメにおいても顕著なように、市場価格が下がり、所得がほぼゼロかマイナスになっている経営では、わずかな政府支払いの支給であっても、所得の 100%が政府支払いに依存していることになるので、所得に対する政府支払いの割合という指標には注意が必要である。

合は一五・六％しかありません。一方の米国の稲作経営は、あんな巨大な経営規模で、輸出もしておきながら、その所得の六〇％が財政負担から出ています。それから、フランス、イギリス、スイスなど多くのヨーロッパの国々では農業所得の九五％が財政負担で支払われています。こうした手厚い農業保護の背景には、食料生産や農業は国民の命を守り、国土を守り、国境を防衛してくれる、まさに公益事業だという国家の覚悟があります。

また、農業保護の総額としてＷＴＯにいくら登録されているのかというと、日本は六四〇〇億円で、米国は一兆八〇〇〇億円、ＥＵは四兆円。やはり総額でみても、日本の方がずっと少ないのです。しかも米国は虚偽申告をしていて、本当は三兆円以上あるはずです。世界の目はごまかせても、筆者にはすぐにわかりましたので、米国まで行って質問しましたら、米国農務省の方は、その通りだと潔く認めました。ですが同時に、「だけど日本も何か悪いことをしているんだろうから、あまり人のことは言わない方がいい」とも釘を刺されてしまいました。

米国は日本人の気質をよくわかっていると言いますか、日本は責め返されたときに、それに対してどう答えるかで悩むわけですね。もしこれで責任問題になったらどうしようかと。役所は二年でだいたい次の部署に異動になりますから、難しい問題は先送りした方がいいということになりがちです。

かたや米国は、自分が悪いところは棚に上げて、人を叩くわけです。黒を白といいくるめた人が偉いというディベート教育で小学生の頃から鍛えられているのです。米国に限らず、それが交渉というものです。これに対して日本は、我が身を全部きれいにしないと人を責められないという対応ですので、結局はずっと責められっぱなしになってしまいます。

日本はすでに実質的な価格支持政策を手放している

それともう一点、「日本の農産物は高い。その大きな内外価格差こそ、価格支持による保護の証拠だ」という誤った主張があります。こういうことが言われるのは、内外価格差によって農業保護度を測るPSE（生産者支持推定量）という誤った指標が国際的に使われているためです。我々のような研究者も、こういう誤った指標をきちんと訂正できていなかったことは申し訳ないと思います。

価格支持政策とは、ある水準まで価格がさがると政府が無制限な買い取りを行い、補助金を付けて援助や輸出に回して国内価格を高く維持する仕組みです。世界の多くの国々が、こうした価格支持政策をうまく活用しています。

一方の日本は、世界に先駆けて価格支持政策を廃止しました。コメも酪農もです。コメの政府価格はまだ存在しますが、数量が備蓄用に限定されているので米価の下支え機能はありません。つまり、実質的にコメにも価格支持政策はありません。

ですが、PSEの計算では、日本には五兆円もの農業保護があり、その九五％が価格支持だということになっていて、今の日本の実態とはまったく合っていません。なぜこういう間違いが起きているのかというと、PSEという指標が内外価格差をすべて農業保護とする指標だからです。内外価格差の原因をどう考えるかが重要なポイントなのです。ややもすると日本の農産物は輸入品よりも高いと思いがちですが、実は必ずしもそうではなくて、品質が良かったり、サービスや安全性が優れているなどのために高い値段が付けられている部分もあるのです。日本の生産者が消費者のみなさんにいい物を食べていただきたいとがんばった努力の結果の「国産プレミアム」が含まれているわけです。たとえば、見かけはまったく同じで、国産のネギが中国産よりも少々高く売られていたとしても、国産の方を買う人は結構多いですよね。それこそ「国産プレミアム」です。

しかし、PSEは品質の差をほとんど考慮していません。輸入牛肉を運んでくる輸送費と、港でかかる関税を足してもまだ内外価格差があれば、これは非関税障壁であり、価格支持が原因だという計算になっているのです。本当なら、日本の霜降り牛肉と、オーストラリアで草で育った肉とが値段が同じだったら、おかしなことです。日本の霜降り牛肉の方が高く売られているのは、日本人なら誰もが納得するはずです。

でも、ＰＳＥではこれが非関税障壁や価格支持としてカウントされてしまいます。こういう奇妙なことがまかり通っている以上、きちんとした議論ができるはずがありません。

食料自給率は上げられるか

先にも述べたように、米国は競争力があるから輸出国なのではありません。競争力はなくても、徹底した戦略と多額の補助金で国内農業を振興し、食料自給率が一〇〇％なのは当たり前で、いかにそれ以上作って輸出を増やし、世界の胃袋を握るかというのが米国のやり方です。

逆に言えば、日本の農業が過保護だから自給率が下がったというのは間違いです。本当に過保護で、現場で効果が実感できる支援が届いているのなら、農業はもうかって元気になるはずで、食料自給率はもっと上がっても良いはずです。

それでは、実際に日本の食料自給率を上げることは可能なのでしょうか。二〇一〇年三月に新しい食料・農業・農村基本計画ができあがり、そこには「一〇年後に食料自給率を五〇％まで引き上げる」という目標が書かれてありますが、実際に引き上げるのは至難の業です。

この目標を達成するには、当面、コメや畑作の所得補償に四～五〇〇〇億円の予算をつけたいところですが、農水予算は毎年一〇％ずつ切るという財務省の予算査定システムがありますので、結局、予算が二兆円ぐらいしかないところで五〇〇〇億円の予算を捻出するために、どこか大事な予算も削らなければなりません。このままでは、現場で機械購入や施設の増設、暗渠《あんきょ》排水ができないなどの問題が起きて、現場のコストはむしろ増えることにもなりかねません。政治のリーダーシップの下、国家戦略ということで、財務省主導ではなく、省庁の枠を超えた大規模な予算組み換えをしなければ、戦略的な食料・農業政策を再構築することはできないでしょう。

食料自給率の低下の懸念は、何年も前から議論になりつつありました。すでに、オーストラリアとのＦＴＡは政府間交渉に入っていましたし、日米ＦＴＡの話も出てきていました。ですから、食料は海外から買えば何とかなると信じて突き進むのが日本のあるべき姿かどうか、国民全体で早く議論しなければ間に合わなくなると筆者らも警鐘を鳴らしていたわけですが、そうこうしているうちに、日米、日豪を一緒くたにして徹底するようなＴＰＰの話が出てきて、いよいよ「正念場」となってしまったのです。食料自給率五〇％という、ただでさえ実現困難な目標を掲げた基本計画を策定した半年後に、自給率が一三％に低下するかもしれないＴＰＰへの参加が検討され始めたわけですから、政権としての政策の一貫性も問われます。

ＴＰＰへの対案――まずアジアの経済連携の具体化を

これまで見てきたとおり、輸出産業のごくわずかな利益のために、国の最後の砦を明け渡してまでＴＰＰに参加する利益がどこにあるのか、疑問に思われます。しかも米国は、日本の主要産業にとって今後成長を期待できる市場だとは言えませんし、TPPの他の参加国の市場規模は非常に小さい。これから最も伸びるのは、中国を含めたアジア諸国です。もし中国との関係が難しくても、ともに懐深く協力し合って、アジア全体のいっそうの成長につながるような経済圏の足場を固めることが重要なのです。中国と台湾の間では実質的にFTAの枠組みができましたので、これがアジア経済連携の足がかりになってくれることを期待します。

しかし、米国がおそれているのは、まさにその点です。米国は、自らはNAFTAなどで米州圏を固めておきながら、アジアが米国抜きでまとまることを阻止しようとしてきました。その極めつけがTPPでしょう。中国も韓国もインドネシアもタイもノーといっているTPPに、もし日本が入れば、アジアは分断されます。世界の成長センターであるアジアから米国が十二分に利益を得るためには、アジアは分断されている必要があるのです。ですから米国は、表向きは、「これは対中国包囲網だ。日本は中国が怖いのだから、入った方がいい」と言っていますが、確かにそういう側面もあるけれども、そうした短期的な事情だけですませられる問題ではありません。

日本がなぜＴＰＰに参加しようとやっきになっているのか、オーストラリアの大使館の方などが筆者の所に質問に来られていましたが、最近では「日本が何をやっているのか、さっぱりわかりません」と笑っておられました。日豪ＦＴＡの件では「これだけ例外扱いにしてもらわないと無理だ」と言い続けてきた日本が、ＴＰＰになると「すべて明け渡す」と言っているのは奇妙なことだと。「そんなこと、やれるものならやってみてもらいたいが、無理でしょう。参加の段階で門前払いですね。」というのがオーストラリアの方の見方です。

それから、ＥＵ代表部から来られた方は、「ＷＴＯでは多様な農業の共存をと主張し、今までのＦＴＡは柔軟な形での妥結に固執していたのに、今度はＴＰＰですべて明け渡しますと言っている。一体どういう論理構成なのか説明してくれ。」とおっしゃいました。筆者に聞かれても困るのですが、だから筆者も、「そんなに真剣に悩まないでほしい。つまりこれは、何も考えていないからこういうことになるんだ。」

とお答えしましたら、妙に納得してくださいました。

ＧＴＡＰモデルの国内の権威である川崎研一氏の試算によると、ＦＴＡごとに日本のＧＤＰ増加率を比較すると、ＴＰＰで〇・五四％、日中ＦＴＡで〇・六六％、日中韓ＦＴＡで〇・七四％、日中韓＋ＡＳＥＡＮのＦＴＡで一・〇四％となっています。

表4　FTA締結による日本のGDP増加率

日中韓+ASEAN	1.04%
日中韓	0.74%
日中	0.66%
TPP	0.54%

資料：川崎研一氏
http://www.rieti.go.jp/jp/columns/a01_0318.html

つまり、日本がＴＰＰの九カ国と自由化しても、日中二国間での自由化の利益にも及ばないのです。アジアにおけるＦＴＡが日本経済の発展にいかに有効であるかということです。

とは言え、ＴＰＰではなくアジアの方が重要だとしても、そもそも、まず東アジアとの経済連携構想が長らく具体化できずにいることが、ＴＰＰへの傾斜を強める一因になっています。東アジアの広域連携強化を入り口論から具体論へと展開していかなければなりません。そのためには、ＥＵ統合の原動力がＣＡＰ（共通農業政策）であったように、アジア諸国間の賃金格差に基づく大きな生産費格差を克服して、各国の農業が共存できるようなＦＴＡ利益の再分配政策としての「東アジアＣＡＰ」を構築することが必要です。これを仕組めるかどうかが大きな成功の鍵を握っていると言えるでしょう。

そこで筆者らは、日韓中の三国間のコメ市場に限定した試算ではありますが、東アジアＣＡＰの具体的な姿を描いてみることにしました。設定としては、三国のＧＤＰ比に応じた共通の補てん財源を形成し、日本はコメ生産調整を解除して補てん基準米価を一俵当たり一万二〇〇〇円程度に設定して、日本の負担額を四千億円程度に収めるようなＣＡＰシステムです。すると、日本がコメ関税をゼロにした場合、日本と韓国への必要補てん額はそれぞれ一兆三〇〇〇億円、六六〇〇億円、日韓中の負担額はそれぞれ一兆四〇〇〇億円、四二〇〇億円、一六〇〇億円となり、とりわけ日本の負担額が大きすぎて現実的ではないことがわかりました。それでは、日本のコメ関税はどの程度まで引き下げられるかというと、ギリギリ一八六％程度まで引き下げることが可能です。というのは、このとき、日本のコメ自給率は大幅に低下することなく、環境負荷も大きく増大することなく、韓国・中国の負担額もそれほど大きくなく、中国は輸出増による利益を得られるからです。

このようなシステマティックなモデル試算により、可能な関税引き下げ水準と、そのために必要な直接支払額の大きさとをセットで検討する必要があります。こうした数字をもって東アジアCAPの具体像を示すことにより、東アジア広域経済連携の議論はよりいっそう具体化していくことになるでしょう。

日中韓FTAの産官学共同研究会（事前交渉）は、報告書作成作業を前倒しして、二〇一二年から政府間交渉に入る準備を進めています。いよいよ日中韓FTAが具体的に動き出します。TPPのような極端なゼロ関税ではなく、適切な関税と適切な国内対策の組合せによって、参加者全員が総合的に利益を得られるような妥協点を見いだす必要があります。日本のコメについても、キロ当たり三四一円、率にして七七八％の関税を、二〇〇％程度まで引き下げるような検討も必要になる可能性があります。

日本とEUとのFTAも、予備交渉が開始されることになりました。日本やアジアにとって、米国やオーストラリアといった新大陸に比べて共通性の高いEUとのFTAは真剣に検討する必要がありましょう。EUは、適切な関税と適切な国内対策の組合せによって「強い農業」を追求する政策を実践していますので、TPPとは違い、農業についての着地点を見いだすことは可能だと思います。

このように、柔軟性を望めないTPPではなく、アジアやEUとの柔軟性ある互恵的なFTAを促進する方向性が、日本にとって現実的と思われます。ただしその場合は、米国との関係悪化を回避しつつ進めなくてはならないという非常に難しいバランスも要求されます。また、米国との関係を軽視してよいという意味でもありません。対等な立場で、本当の意味での友好関係を築くためにも、その前提として、まずアジアのまとまりが重要なのです。

強い農業のための対案

農業関係者を中心にＴＰＰ反対の運動が進みつつあるのに対して、「日本の農業はＴＰＰを拒否するだけでやっていけるのか。ＴＰＰがなくても、日本の農業は、高齢化、就業人口の減少、耕作放棄などで疲弊しつつある。どういう取り組みをすれば農業は元気になるのか。ＴＰＰがだめだというなら対案を出してほしい」という指摘があります。

筆者らは常々、水田の四割も抑制するために農業予算を投入するのではなく、国内生産基盤をフルに活かして、「いいものを少しでも安く」売ることで販路を拡大する戦略へと重心をかえていくべきだと主張しています。そのためには、米粉、飼料米などに主食米と同等以上の所得を補てんし、販路拡大とともに備蓄機能も活用しながら、将来的には主食の割り当ても必要なくなるように、全国的な適地適作へと誘導することです。こうした政策と、ＴＰＰのような極端な関税撤廃とは相容れません。ＴＰＰはこれまでの農家の努力を水の泡にします。自由化は、もっと柔軟な形で、適切な関税引き下げ水準と国内差額補てんとの組合せとを模索しながら行う必要があります。

さらに、将来的には日本のコメで世界に貢献することも視野に入れて、日本からの輸出や食料援助を増やす戦略も重要です。備蓄運用も含めて、そのために必要な予算は、日本と世界の安全保障につながる防衛予算でもあり、海外援助予算でもあるのですから、狭い農水予算の枠を超えた国家戦略予算をつけられるように、予算査定システムの抜本的改革が求められます。米国の食料戦略を支える仕組みは、この考え方に基づいています。

地域の中心的な「担い手」への重点的な支援強化も必要でしょう。今後農業をリタイアされる方がいる一方で、就農意欲のある若者や他産業からの参入も増加傾向にあります。ですが、新規参入される方の経営安定までには時間がかかり、長らく赤字を抱える方が多いのが実態なので、フランスのように、新規参入者に対して十年間くらいの長期的な支援プログラムを準備するなど、集中的な経営安定対策を仕組むことが必要です。

また、集落営農などで、他産業並みの給与水準が実現できないためにオペレーターの定着に苦労しているケースが多いので、状況に応じてオペレーター給与に対して財政支援を行うことも効果的ではないかと思われます。二〇～三〇ヘクタール規模の集落営農型の経営で、十分な所得を得られる専従者と、農地の出し手であり軽作業を分担する担い手でもある多数の構成員とが、しっかり役割分担しつつ成功しているような持続可能な経営モデルを確立する必要があります。

その一方、農業が存在することによって生み出される多面的機能の価値に対する農家全体への支払いは、社会政策として強化する必要があります。これは、担い手などを重点的に支援する産業政策としっかり区別して、メリハリを強める必要がありましょう。

筆者が現場をまわっていて一番心配しているのは、「これから息子が継いでくれて規模拡大しようとしていたのだが、もうやめた」と肩を落とす農家が増えていることです。ＴＰＰは農業の将来展望を暗くしています。こういう、農家を後ろ向きの方向にしてしまう政策はいけません。そうではなくて、農家がもっと元気になるための取組み、現場で本当に効果が実感できる政策とは何かということを、きちんと議論する必要があります。今いろいろな方が関心をもってきてくれているのだから、みんなで前向きの議論をしようじゃないかということです。

被災地の復旧・復興ということを考えるときにも基本になるのは、「コミュニティの再生」だと思うのです。農業という産業をどうするかということを考えれば、地域の実情に合わせてある程度規模拡大することはあっていいけれども、「大規模化して、企業がやれば、強い農業になる」という議論は単純すぎて、そこに人々が住んでいて、暮らしがあり、生業があり、コミュニティがあるという視点が欠落しています。やはりそこに住んでいた人々が、自分たちの地域をもう一度どういう形で再生したいのか、その意向を無視した形で、勝手な議論をするべきではないと思います。

自分たちの食は自分たちが守る

日本において「強い農業」と言えるのは、一体どのような農業なのでしょうか。これは、単純に規模拡大してコストダウンすることではないと思います。単純に低コストな農業で戦っていては、もし同じ土俵でオーストラリアと競争することになっても、とうてい勝負になりません。基本的に日本の農業はオーストラリアなどよりも小規模なのだから、少々高いのは当たり前で、高いけれどもモノが違う、品質が良いということが、本当に強い農業の源になると思うのです。このことを、生産側と消費側の双方が納得するという「つながり」が重要です。

それは、スイスではすでに実践されていることです。そのキーワードは、ナチュラル、オーガニック、アニマル・ウェルフェア（動物福祉）、バイオダイバーシティ（生物多様性）、そして景観です。生産コストだけではなく、こういった様々な要素を生産過程において考慮して、丁寧な農業をすれば、できたものは人の健康にも優しく本当においしい。このことが国民全体で理解されているから、生産コストが周辺の国々よりも三割も四割も高くても、決して負けてはいないのです。たとえば、スイスで小学生ぐらいの女の子が一個八〇円もする国産の卵を買っていたので、なぜ高い卵を買うのか聞いた人がいまして、するとその子は「これを買うことで、農家のみなさんの生活が支えられる。そのおかげで私たちの生活が成り立つのだから、当たり前でしょ」と、いとも簡単に答えたというのです（元ＮＨＫの倉石久壽氏からお聞きしました）。日本の消費者は価値観が貧困だから駄目だといってしまえば、身も蓋もないですけれども、スイスがここまでになるには、本物の価値を伝えるための関係者の方々の並々ならない努力があったはずです。日本もその努力はしていますけれども、一番違うのは、スイスではミグロ（Migros）という生協が食品流通の七割を握っているので、ミグロが「本物にはこの値段が必要なんだ」と言えば、それが通るわけです。日本の場合は、農協にも生協にも大きな価格形成力はありません。しかし、個々の組織の力は小さくても、ネットワークを強めていくことで、かなりのことができるようになるはずです。

日本でも、農業が地域コミュニティの基盤を形成していることを実感し、食料が身近で手に入る価値を共有し、地域住民と農家が支え合うことで自分たちの食の未来を切り開こうという自発的な地域プロジェクトが芽生えつつあります。そうした取り組みを推進するトータル・コーディネーターが、もっとどんどん出てきてくれて、全国的なうねりとなることによって、何物にも負けない真の「強い農業」が形成されるのではないかと思います。

また、農業の多面的機能について国民理解が得られていて、生産物に相応の値段を付ける努力がなされているスイスやイタリアでも、やはりまだまだ値段に反映できていない部分が残っていて、それに対してはEU全体の直接支払いが手当されています。消費者が納得しているから、直接支払いもバラマキとは言われないし、生産者は誇りをもって農業をやっていけるのです。一方の日本では、農業の多面的機能を主張しても、国民からは保護の言い訳だと言われてしまう。こういう点でも、日本は欧州に水を開けられてしまっています。こういう点の理解促進を急がねばならないと思います。

それから、最近の日本の米価下落の様子を見ていて思うのは、他のいろいろな農産物の下落でもそうですけれども、結局、戸別所得補償という制度ができたから安く買い叩こうという人が出てきているわけです。しかし、卸や小売が一時的に儲かったと思っても、それで生産サイドがさらに苦しくなって作ってくれる人がいなくなってしまったら、卸や小売のビジネスも成り立たなくなりますよね。目先の利益だけで行動するようなリーダーがいたのでは、国も企業も社会も健全に繁栄できません。そういうことも含めて、問い直さなきゃいけない。

食に安さだけを追求することは命を削り、次世代に負担を強いること

消費者のみなさんだって、安く買えるからいいと思っていたら、作る人がいなく

なってしまうわけです。だから、買い叩きや安売りをしても、結局誰も幸せになれないのです。食料に安さだけを追求することは、命を削ることと同じです。また、次の世代に負担を強いることにもなります。そのような覚悟があるのかどうか、ぜひ考えてほしい。みんなが持続的に幸せになれるような自然な形での価格形成が必要なのです。それはヨーロッパではかなり出来ている国もあるようですが、日本はまだこれからというところです。

一つの例ですが、もしＴＰＰに参加すれば、米国の乳製品がどんどん入ってくるかもしれませんが、それには健康上の不安があります。米国では、ｒｂＳＴという遺伝子組換えの成長ホルモンを乳牛に注射して生産量の増加を図っています。このホルモンを販売しているモンサント社は、もし日本の酪農家に売っても消費者の皆さんが拒否反応を示すだろうからと言って、日本での認可申請を見送っています。そして最近では、米国でも、乳がんとか前立腺がんの倍率が高まるという医学的検証が出てきたため、スターバックスやウォルマートを始め、ｒｂＳＴ使用乳を取り扱わない店がどんどん増えているのです。しかし、認可申請もされていない日本では、米国からの輸入によってｒｂＳＴ使用乳は素通りになっていて、消費者の皆さんは知らずにそれを食べているというのが実態です。

一方、こうした問題については、日本の生産側でも風評被害で国産も売れなくなると困るというので、そっとしておこうという動きがこれまでたくさんありました。こういう対応は絶対にやめるべきだと思います。まずもって消費者の皆さんの命や健康にかかわる問題を伏せておくわけにはいきません。風評被害がこわいなんて言っている場合ではなく、自分たちの作っているものが本物だということを消費者にきちんと伝えることが必要なのです。輸入ものが全部悪いとは言わないけれども、こういうこともあるんですよということを伝えることは重要です。

ＴＰＰの議論を一つの契機にして、自らの安全な食をいかに確保していくかということについて、消費者のみなさん一人ひとりが考え直してもらえるようにと願っています。そうした議論を早急に展開していかないと、間に合わなくなるんじゃないかと感じます。ＴＰＰの問題についても、ゼロか百かの極論ではなく、現実的で適正なバランスある解は、その中間のどこかにあるのです。それは双方が歩み寄って見つけるべきものです。

非常に狭い一部の利益、あるいは一部の情報だけに基づいてこの問題を拙速に進めてしまっては、農業・食料部門だけの問題ではなく、日本の将来に禍根を残すことになります。それが起こってからでは遅いわけです。国民一人ひとりが、各々の地域の十年後の姿を想い描いて、それを自身が支えていく覚悟を新たにし、そのために必要な政策なども提案いただいて、ＴＰＰの議論をみんなの力で正常化させましょう。我々研究者の立場からも、これにはそれなりの覚悟をもって取り組んでおります。みなさんもどうぞよろしくお願いいたします。

参考文献

生源寺眞一『日本農業の真実』ちくま新書、二〇一一年五月
鈴木宣弘・木下順子『ＴＰＰと日本の国益』全国農業会議所・大成出版、二〇一一年五月
田代洋一『反ＴＰＰの農業再建論』筑波書房、二〇一一年五月
中野剛志・岡田知弘・関曠野ほか「ＴＰＰから考える、地方と復興のかたち」『現代思想』二〇一一年六月号、〔鈴木・木下執筆〕
小倉正行編集『これでわかるＴＰＰ問題一問一答』合同出版、二〇一一年五月、〔鈴木・木下執筆〕
内橋克人・結城登美雄・色平哲郎・山口義行ほか『世界』二〇一一年四月号、岩波書店、〔鈴木執筆〕
川崎研一ほか「ＴＰＰ全解明」『東洋経済』二〇一一年三月一二日号、〔鈴木執筆〕
松原隆一郎・三橋貴明・野田公夫・太田原高昭・原洋之介ほか『ＴＰＰと日本の論点』農文協ブックレット、二〇一一年四月

山下惣一・金子勝・関岡英之・薄井寛ほか「ＴＰＰでどうなる日本？」農文協『季刊地域』№５、二〇一一年春号、〔鈴木・木下執筆〕
磯田宏・品川優『政権交代と水田農業』筑波書房二〇一一年三月
村田武編著『食料主権のグランドデザイン』農文協、二〇一一年二月
石田信隆『ＴＰＰを考える』家の光協会、二〇一一年二月
宇沢弘文・服部信司・森島賢・谷口信和・蔦谷栄一・小田切徳美・飯國芳明ほか『ＴＰＰ反対の大義』農文協ブックレット、二〇一〇年一二月、〔鈴木・木下執筆〕
本間正義『現代日本農業の政策過程』慶應義塾大学出版会、二〇一〇年五月
山下一仁『国民と消費者重視の農政改革』東洋経済新報社、二〇〇四年七月
荏開津典生『農政の論理をただす』農林統計協会、一九八七年

〈著者紹介〉

鈴木宣弘　すずき・のぶひろ
東京大学　大学院　農学国際専攻　教授　農学博士
1958 年三重県生まれ。1982 年東京大学農学部卒業。農林水産省、九州大学教授を経て、2006 年より現職。専門は、農業経済学、国際貿易論。日中韓 EPA、日モンゴル EPA 産官学共同研究会委員、関税・外国為替等審議会委員。主著に、『TPP と日本の国益』（共著、大成出版、2011 年）、『食料を読む』（共著、日経文庫、2010 年）、『現代の食料・農業問題―誤解から打開へ―』（創森社、2008 年）等。

木下順子　きのした・じゅんこ
コーネル大学客員研究員　農学博士
1970 年福岡県生まれ。1995 年九州大学農学部修士課程修了後、農林水産省、農林水産政策研究所を経て、2009 年より現職。専門は、農業・食料に関する産業組織分析、計量経済分析。主著に、『Empirical Study on Oligopolistic Dairy Markets in Japan』（筑波書房、2009 年）、『TPP と日本の国益』（共著、大成出版、2011 年）、『食料を読む』（共著、日経文庫、2010 年）、『新しい農業政策の方向性―現場が創る農政―』（共著、全国農業会議所、2010 年）など。

震災復興とTPPを語る　再生のための対案

2011年８月25日　第１版第１刷発行
2011年12月１日　第１版第２刷発行
著　者　鈴木宣弘・木下順子
発行者　鶴見治彦
発行所　筑波書房
東京都新宿区神楽坂２−19 銀鈴会館
〒162−0825
電話03（3267）8599
郵便振替00150−3−39715
http://www.tsukuba-shobo.co.jp
定価はカバーに表示してあります

印刷／製本　平河工業社

ISBN978-4-8119-0391-0 C0033

好評既刊

筑波書房ブックレット㊼
食の未来に向けて
鈴木宣弘著　定価（本体750円＋税）

筑波書房ブックレット㊱
日豪EPAと日本の食料
鈴木宣弘著　定価（本体750円＋税）

筑波書房ブックレット㉗
FTAと日本の食料・農業
鈴木宣弘著　定価（本体750円＋税）

筑波書房ブックレット⑭
WTOとアメリカ農業
鈴木宣弘著　定価（本体750円＋税）

FTAと食料
鈴木宣弘編　定価（本体2500円＋税）

食料の海外依存と環境負荷と循環農業
鈴木宣弘著　定価（本体1300円＋税）